羊毛フェルトで作る
もっと！ リアル猫人形

佐藤法雪

はじめに	4
猫目のポイント	15
猫人形の部位辞典	16
本書の使い方	16
猫の模様のポイント	28
猫の骨格のポイント	78
おわりに	86

Lesson 1

羊毛フェルトの基礎知識　17

羊毛フェルトとは!?	18
フェルティングに必要な道具	19
ニードルの扱い方	20
羊毛の取り分け方	21
ボール型を作る	22
羊毛綿を作る	23
混毛する	24
植毛テクニック	25

Lesson 2

赤ちゃん猫を作る　29

頭部と足を作る	32
胴体と足を作る	35
羊毛の植毛	37
縞模様の柄入れ	41

Lesson 5

**スーパーリアル！
テクニック集** 　79

肉球を作る　　　　　80

キャッツアイを作る　　82

猫の植毛いろいろ　　　84

Lesson 3

子猫を作る　　　　45

頭部を作る　　　　　48

胴体と足を作る　　　51

羊毛の植毛　　　　　53

縞模様の柄入れ　　　57

仕上げ　　　　　　　58

Lesson 4

大人の猫を作る　　61

ベースを作る　　　　64

羊毛の植毛　　　　　67

縞模様の柄入れ　　　71

仕上げ　　　　　　　75

はじめに

数年前から流行をしはじめた
羊毛フェルトの人形作りですが、
一時的なブームでとどまることなく、
もっと上達したい、うまくなりたいという人が
ますます増えてきていると感じます。

2013年に発売させていただいた
『羊毛フェルトで作る リアル猫人形』は
初心者向けの楽しい書籍が大半の手芸本の中では、
難しすぎるとの声もありました。
しかし、着実に版を重ねて、ロングセラーとなりました。
それを支えているのは、猫の個性や生命そのものを
表現したいと切望する中・上級者です。

本書は、『羊毛フェルトで作る リアル猫人形』の
続編にあたります。
猫の個別の生命感、もっと言えば
命の光を表現するために必要な
さまざまなテクニックを
誌面の許すかぎり盛り込みました。

リアルな羊毛猫人形作りの次のステップに
進むための一助になれば幸いです。

Lesson 2

赤ちゃん猫 ……… P29

Lesson 3

子猫 ······ P45

Lesson 3
子猫

Lesson 4
大人の猫
P61

Lesson 4

大人の猫

猫をリアルに作るコツは先入観を排除し、心の中を空虚にして、
その空間に猫を遊ばせてあげることです。
そして、猫と一体化することで、
よりリアルな猫人形が作れるようになります。
それができるようになれば、猫人形作りはとても楽しく、
難しいことではなくなります。

猫は……
天使のようで悪魔のよう、
素早いけどドンくさい、
美しいけれど汚い、
ツンとしているようでデレっとしてくる、
ひとりが好きなようで寂しがり屋、
遠くにいるようで近くにいる……。

そんな相矛盾した両方を兼ね備えているのが猫の魅力です。

猫目のポイント

　昔は2液混合のレジンを使ったりガラスを使用していましたが、UVレジンの登場により、誰でも簡単に透明の半球体を制作し、自分の理想とする目を自由に作成できるようになりました。

　猫の目の色は個体によって実にさまざまです。まったく同じ目の色の猫は2匹といません。左右でも微妙に異なっています。成長するにつれて、目の色の濃さが変わることもあります。また、猫の黒目は感情や光の強さにより、大きくなったり細くなったりします。驚いたり興奮すると、黒目が大きくなります。

　良い猫人形作りのためには、顔と目が連動していなくてはなりません。体は勢いよく動いているのに黒目が細かったり、日差しの強い場所でのんびりと日向ぼっこをしているのに、黒目が大きく開いている状態は不自然になります。猫人形のポーズと黒目の大きさがしっかりと連動していなければいけません。

　また、良い猫人形は、猫目の質だけで決まるものではありません。猫人形の本質は生命観の表現にあり、全体のバランスにあります。猫目がどんなに上手に作れても、顔や体に不自然なところがあったら残念なものになります。猫目だけに頼らず、常に全体のバランスを見て調整していきましょう。

　本書では、猫の目の色は油性マジックを使って表現しましたが、アクリル絵の具なども使用できます。半球体の裏にさらに金銀などの塗料を塗り重ねることで輝きが増します。また、ラメ入りの塗料やホログラムシートなどを使用してみると表現が深まります。

猫目いろいろ

針目　普通　拡大

● サファイアブルー
● カッパー
● ライム
● アクア
● エメラルドグリーン
● ヘーゼル
● イエロー

猫人形の部位辞典

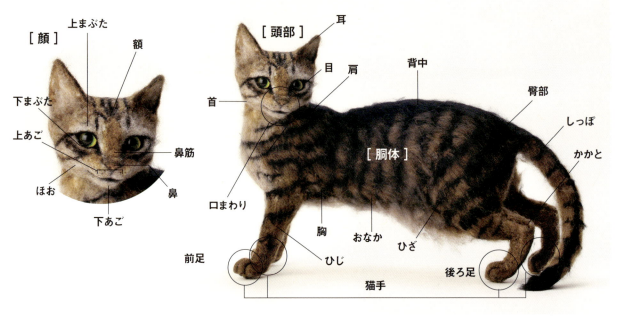

本書の使い方

【作例】
- 「赤ちゃん猫」「子猫」「大人の猫」、完成サイズの違う3作品を作例に、猫人形作りの基本を紹介しています。
- 作りたいサイズの作例を選び、猫人形作りにチャレンジしてください。どのサイズの作例でも、著者オリジナルの植毛テクニックをマスターできます。

【制作の流れ】
- 制作過程の流れをダイジェストで解説しています。まずは、制作の流れをイメージしましょう。

【実寸大制作例】
- 猫人形作りでは頭部と胴体の大きさのバランスが大切です。手芸綿で頭部のベースを作る際、この実寸大制作例を参考にしてください。

【材料】
- 本書では、手芸綿とスライバータイプの羊毛（メリノウール100％）を使用しています。手芸綿は「白井産業株式会社」（マダム コットン）、羊毛はハマナカ株式会社のものを使用しています。
- フェルト羊毛の（00）は、ハマナカ株式会社の色番です。
- 手芸綿や羊毛の分量は、あくまでも目安です。全体のバランスを見ながら、適宜調整してください。
- 羊毛の「長さ10cm」とは、繊維の方向を揃えたスライバータイプの羊毛の束をハサミなどで長さ10cmに切り分けることを指します。
- 手芸綿はそのまま手でちぎり、計量器などで分量通りに用意します。

Lesson 1
羊毛フェルトの基礎知識

「猫人形」作りの第一歩は、
フェルティングの基本を身につけることです。
作品作りの基礎となる立体の作り方を手本に、
ニードルの刺し方、植毛方法など、
作品をリアルに仕上げる
基本テクニックをマスターしましょう。

※猫人形作りに慣れないうちは、フェルティング用ニードルが針金に当たるなど、針が折れてしまうこともあります。注意して作業を行ってください。

※本書では、手芸綿は白井産業株式会社（マダム コットン）、羊毛はハマナカ株式会社のものを使用しています。

羊毛フェルトとは!?

専用のニードルで羊毛を刺し固める

羊毛フェルトとは、羊毛を専用のニードル（フェルティング専用針）でチクチクと刺し固めて作るハンドメイドクラフトです。ニードルは普通の縫い針とは違い、側面にギザギザとした突起があります。その凹凸状の突起に羊毛の繊維を引っ掛け、他の繊維と絡ませることで羊毛がフェルト化していきます。

ニードルを刺す回数で質感は変わる

羊毛フェルトの一番の特徴は、羊毛の形や質感を自在にコントロールできることです。ニードルを刺す回数が少ないと、ふんわりとした質感になり、刺す回数が多いと固くしっかりとした質感に仕上がります。

手芸店に行くと、さまざまな種類の羊毛が売られていますが、繊維が一定方向に揃って束になっている羊毛を「スライバータイプ」と言います。本書では、すべての作品をスライバータイプの羊毛で作ります。刺し固めすぎると、パーツの接合や毛並みの流れを表現することが難しくなります。適度な固さに仕上がるように練習しましょう。

猫人形のベースには手芸綿を使用

「リアル猫人形」の制作では、羊毛のほかに手芸綿を使い、ボディラインとなるベースを作ります。手芸綿もニードルを刺すことでフェルト化し、いろいろな形が作れます。

制作の基本は、手芸綿（完成サイズの約1.5〜2.5倍が目安）をニードルで刺し固めて骨格のベースを作り、これに羊毛を猫の肉づきに合わせて植毛していくという流れです。本書では3つの作品の制作プロセスを紹介しながら、その作り方を学んでいきます。

● 羊毛

スライバータイプの羊毛（素材はメリノウール100%）。繊維の方向を揃えて細長く巻き取った状態で市販されている。繊維が細く長いので、刺し固めたときに緻密な作品に仕上がる。色数も豊富に揃う。

● 手芸綿

ニードルで数回刺すだけでフェルト化するため、猫人形のベースに使用する。猫のリアルな肉付きを表現するには最適。一般的な手芸綿でよいが、反発性の強い手芸綿（チップ綿、ちぎり綿など）は固まりにくいので、フェルト制作には向かない。

刺す回数で質感が変わる

※レギュラータイプのニードルを使用した目安です。刺す力や深さによって異なります。

手芸綿 ▶ 400回 ふんわりした質感 ▶ 700回 猫人形のベースに最適 ▶ 1000回 刺し固めすぎた状態

フェルティングに必要な道具

● **フェルティング用ニードル**
レギュラータイプと仕上げや繊細な細工のできる細針タイプがある。

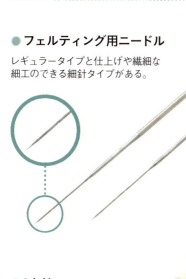

● **ペンチ**
胴体のベースの芯に使う針金を折り曲げるほか、キャッツアイを顔に貼り込む際にも使用。

● **ニッパー**
金属を切ることができ、針金を切る時に使う。金属が切れる刃の付いたペンチがあればなくてもよい。

● **ピンセット**
細かい場所を細工する時などに押さえるのに使用。ニードルで手を刺すのを予防できる。

● **3本針**
3本のニードルをセットして使う。面積の大きい場所に植毛する際、スピードアップに役立つ。

● **手芸用ハサミ**
細かいカットの細工やトリミングをする時には通常のハサミより使い勝手がいい。

● **ハサミ**
羊毛を切るときに使う。紙などを切るハサミでもよいが、羊毛フェルト専用に用意したほうがよい。

● **キャッツアイ**
猫人形の目に使う手芸用のもの。いろいろな大きさがある。裏に出っ張りがある場合は、ニッパーでカットしておく。

● **フェルティング用マット**
スポンジ状のマット。羊毛の下に敷くと、刺し通すことができるので、ニードルが折れるのを防ぐ。

● **スパチュラ（かぎ針）**
先端が尖り、かぎ爪のように曲がった金属が付いた棒。毛並みを整える時に使う。

● **マットカバー**
フェルティング用マットの色カバー。マットの上にかぶせることで、白い羊毛を作業する際に便利。

● **針金**
胴体の芯として使う。自由に折り曲げられ、カットもしやすいアルミ製のものを選ぶこと。

Lesson 1 羊毛フェルトの基礎知識

ニードルの扱い方

ニードルの持ち方

ニードルの針の先を針先(はりさき)、中央を針体(しんたい)、上部を針柄(しんぺい)と言います。針柄は先が少し曲がっており、ここがストッパーの働きをします。

まず、針体を親指と中指で持ち、次に人差し指の第一関節あたり(直接関節にあたると痛いので少しずらす)を軽く針柄の上に乗せます。この時、針柄の曲がっているほうが親指側に向くようにします。針先側の突起に触れるとケガをすることがあるので、直接さわらないに注意しましょう。

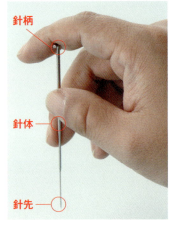

人差し指を針柄部分の上に突き立てるように持つのはNG。腱鞘炎になる恐れも。

鉛筆のように持つと、刺した瞬間にニードルが指から後ろにすり抜けることも。

ニードルの刺し方

基本は、「まっすぐ刺し、まっすぐ抜く」です。羊毛や手芸綿にニードルを刺す角度は刺しやすい角度で構いませんが、ニードルを刺したら、そのまま真っすぐ引き抜くように戻します。無理な力を加えたり、針先をひねったりすると針が折れる恐れがあるので注意しましょう。ひと刺しごとの動作を急がず、丁寧に行うことが針の折れやケガを予防し、作品もきれいに仕上がります。

 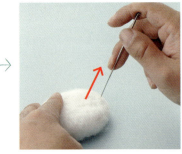

羊毛、手芸綿の押さえ方

ニードルを刺す時は、羊毛や手芸綿を必ずしっかりと押さえましょう。利き手が右手なら、左手で押さえます。指で押さえるのが基本ですが、小さなものを刺す時はピンセットなどで押さえてもよいでしょう。

手芸綿の表面を縫うように刺すのはNG。ニードルが曲がり、針が折れる恐れもある。

ニードルが曲がったまま刺すのは絶対ダメ。当然、針が折れる恐れがあり危険。

羊毛の取り分け方

猫人形の各パーツ制作に合わせ、束状になった羊毛を必要な長さに切って取り分けます。
植毛の面積に合わせて用意しましょう。

Lesson 1 羊毛フェルトの基礎知識

本書では、繊維が一定方向に揃ったスライバータイプの羊毛を使用。長さ2m程度の束になって売られている場合が多い。

1 羊毛を扱いやすい長さにハサミで切る。写真は長さ30cm程度。

2 さらに、羊毛を猫人形の各パーツ制作に合わせ、必要とする長さに切る。

3 羊毛の束は半分に折り重なっているので、中央部分から折り目を開き、左右に軽く引っ張って広げる。

4 シート状に羊毛が左右に広がったところ。

5 指で軽くたたいて伸ばし、ゴミなどの付着物や繊維方向のゆがみを整えながら均等の厚さにする。

6 羊毛が均等の厚さに広がった状態。面積の大きい部位に植毛する場合は、この状態の羊毛を植毛する。

7 顔や足など面積の小さな部位への植毛には、必要な量の羊毛を指で裂いて植毛する。

8 羊毛綿を作る場合などは、さらに短くハサミで切って使う。

ボール型を作る

手芸綿で作るパーツのうち、最も基本的な形といえるのが「ボール型」です。猫人形の頭部などのベースに利用します。

完全な球体にするイメージで、好みの固さになるようニードルで刺してボール型に形作る。

1 手芸綿をひとつかみ取り、マットの上で平たく伸ばす。手前から手で巻いて、棒状にする。

2 1をニードルで軽く刺し固める。

3 さらに端から巻いて、小さくする。

4 3をニードルで刺し固める。

5 両側に手芸綿のあふれがでるので、ニードルを刺して表面を整える。

6 手芸綿の中心まで深く刺すイメージで、ボール型に近づけていく。

7 左手で転がしながら押さえ、表面全体を均一にニードルで刺す。

8 ほぼボール型になったら手で丸め、理想のボール型になるまでさらにニードルで刺し、調整する。

羊毛綿を作る

スライバータイプの羊毛を「垂直に重ねて裂く」ことで繊維の方向が不揃いな綿状に仕上がります。本書では、これを「羊毛綿」と呼びます。

Lesson 1　羊毛フェルトの基礎知識

繊維の方向性をなくし、網目状になった羊毛綿。毛並みを表現しない猫人形のまぶたなどで使用する。

1 長さ4cmに切った羊毛を左右に軽く引っ張るように切り裂く。

2 裂いた一方をもう一方の繊維の方向と垂直になるように重ね合わせる。

3 同様に、左右に軽く引っ張るように切り裂く。

4 この「垂直に重ねて裂く」作業を繰り返し、繊維の方向が完全に不揃いな状態にする。

羊毛綿をシート状にする

面積の小さな部位に羊毛を植毛する際に便利。

1 植毛する場所に合わせ、適量の羊毛綿を準備する。

2 羊毛綿をニードルで軽く刺し固め、厚さが均一になるように整える。

繊維の方向は不揃いのまま、薄くシート状になった状態。

混毛する

リアルな毛並みを表現するには、実際の色に近い羊毛が必要です。絵の具を混ぜて中間色を作るように、複数の羊毛を混ぜ合わせ、既製品にはないオリジナルな羊毛を自作してみましょう。

オレンジと茶を混ぜ、中間色を作る。配合する割合を変え、イメージする毛の色に近づくように試作してみよう。

1 長さ約4cmの羊毛を、オレンジ1、茶2の割合で用意する。

2 繊維の方向を揃えて2種類の羊毛を手に取る。

3 2種類の羊毛を重ね合わせて、左右に軽く引っ張るように切り裂く。

4 羊毛綿を作る要領で（P23参照）、「垂直に重ねて裂く」を繰り返す。

NG 2種類の羊毛がまだ完全に混ざり合っていない状態。

5 完全に2種類の羊毛が混ざり合い、中間色の混毛ができたところ。

6 指で少量ずつすきながら、混毛の繊維の方向を揃える。

7 繊維の方向が揃ったスライバータイプの混毛ができたところ。

植毛テクニック

本書では、手芸綿で作った猫人形のベースに、羊毛を植毛して仕上げます。猫のリアルな毛並みを表現するためには必須のテクニックです。

Lesson 1 羊毛フェルトの基礎知識

端止め返し

端止め返しで羊毛を4段、植毛したところ。手芸綿の下地が透けることもなく、本書の猫人形作りで最も多く使用する植毛方法。

1 長さ約6cmの羊毛を植毛する位置に合わせ、右端だけをニードルで刺し止める。

2 刺し止めたラインで折り返す。

3 折り返した羊毛の左端だけをニードルで軽く刺し止める。

4 下地が透けないよう、先に植毛した羊毛と少し重なる位置に新しい羊毛を合わせる。

5 同様に、右端だけをニードルで刺し止める。

6 5で刺し止めたラインから約1.5cm左のラインをニードルで刺し止める。その間のスペースは軽く刺しつける程度にする。

7 6で刺し止めたラインで折り返す。

8 折り返した羊毛の左端だけをニードルで刺し止める。以降、同様の作業を繰り返す。

端止め

羊毛の左端だけをニードルで刺して植毛する方法。
絨毯を敷き詰めたような
フワフワとした毛並みに仕上がる。

端止め式で羊毛を3段、植毛したところ。

1 長さ約6cmの羊毛を植毛する位置に合わせ、左端だけをニードルで刺し止める。

2 1に重ねて、新たな羊毛を合わせる。

3 下地が透けないように、先に植毛した羊毛と接するラインで刺し止める。

4 同様に新たな羊毛を合わせ、左端だけを刺し止める。

中止め

羊毛の中央部分だけを刺して植毛する方法。
1回で端止め式2回分の毛量となり、
面積の大きい場所への植毛に役立つ。

中止め式で羊毛を3段、植毛したところ。

1 長さ約6cmの羊毛を植毛する位置に合わせ、中央のラインだけをニードルで刺し止める。

2 刺し止めたラインで折り返す。このとき、折り返した左端を刺し止めると「中止め返し」になる。

3 2に重ねて、新たな羊毛を合わせる。

4 同様に、中央のラインだけを刺し止める。このとき、下地が透けないように、先に植毛した羊毛と接するラインで中止する。

2層端止め

手芸綿で作った猫人形のベースに、
アンダーコートとオーバーコートの
2層の毛並みを植毛する方法。

※アンダーコートの色は白一色ではなく、さまざまです。
　モデルの猫をよく観察してみましょう。

2層端止めで羊毛を4段、植毛したところ。

1 長さ約6cmのオーバーコート（茶）の上に、長さ約3cmのアンダーコート（白）を合わせる。

2 アンダーコートを下にして置き、左端だけをニードルで刺し止める。

3 2と接するように新たな2層の羊毛を合わせる。

4 同様に、左端を刺し止める。このとき、下地が透けないように、先に植毛した羊毛と接するラインで端止めする。

2層端止め返し

「2層端止め式」よりも手早く
2層の毛並みを植毛できる。
胴体など面積の大きい場所などに役立つ。

※アンダーコートの色は白一色ではなく、さまざまです。
　モデルの猫をよく観察してみましょう。

2層端止め返しで羊毛を3段、植毛したところ。

1 長さ約6cmのオーバーコート（茶）の上に、長さ約3cmのアンダーコート（白）を合わせ、右端だけをニードルで刺し止める。

2 刺し止めたラインで折り返し、左端だけをニードルで軽く刺し止める。

3 2と接するように新たな2層の羊毛を合わせ、「端止め返し」同様にニードルで刺し止める。

4 刺し止めたラインで2層の羊毛を折り返す。以降、同様の作業を繰り返す。

猫の模様のポイント

　トラなどの猫の毛の模様の表現をするにあたり、気をつけなくてはならないことがあります。それは、モデル猫の写真の「著作権」です。インターネットの画像検索はとても便利ですが、そうした写真の多くには撮影者の権利があります。手軽に入手できる見本として安易にネットの写真を参照し、制作してしまう人が最近とても多いです。

　例えば、自分が手塩にかけて育てた愛猫の写真を元に、第三者が勝手に猫人形を制作して販売していることがわかったらどんな気持ちになるでしょうか？　愛猫の画像を無断使用された飼い主さんの気持ちになってみましょう（飼い主の方からオーダーを受けた場合は別です）。マナーを守り、楽しく制作していきたいものです。

　本書では、皆さんが模様のパターンや規則性そのものを理解して、写真の模倣に頼ることなく模様を表現する方法をご紹介しました。猫人形の模様（トラ）というものは、適当に入れて自然に見えるのが理想です。そのためにはたくさんのトラ模様を描き、植毛し、その中にあるパターンや規則性を覚え、猫人形に反映させてあげるのが良いと思います。

ベンガル模様パターン図　※すべてのベンガルがこれに従うわけではありません。

● 赤ちゃん猫

● 子猫

● 大人の猫

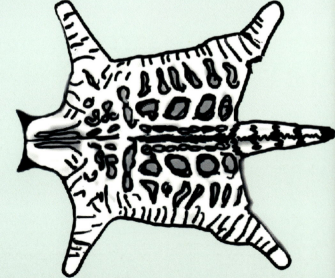

Lesson 2

赤ちゃん猫を作る

※猫人形作りに慣れないうちは、フェルティング用ニードルが針金に当たるなど、針が折れてしまうこともあります。注意して作業を行ってください。

※本書では、手芸綿は白井産業株式会社（マダム コットン）、羊毛はハマナカ株式会社のものを使用しています。

Lesson 2
赤ちゃん猫を作る

手のひらサイズで愛くるしい生後2週間程度の茶トラ猫。
サイズ的にも作りやすく、猫人形のベース作り、
植毛の基本テクニックがマスターできます。

目
生後1週間〜10日程度で目が開きはじめ、生後2週間頃から見えるように。

耳
生後2週間頃から音に反応するようになり、垂れていた耳も立ってくる。

四肢
生後10日頃に立ち上がり、生後2週間頃からよちよち歩きを始める。

SIZE サイズ
全長：約14cm
　　（しっぽを除く）
高さ：約5cm
幅：約6cm
重さ：約23g

[制作の流れ]

1 口まわりを作る

2 目と耳を作る

3 足を作る

4 胴体を作る

5 胴体に頭部を接合する

6 ベースの混毛を植毛する

7 顔の柄入れ、目にキャッツアイを入れる

8 胴体、しっぽの柄入れ、肉球を付けて仕上げる

[材料（1体分）]

手芸綿……約14g
フェルト羊毛
　白（1）……適量
　オレンジ（5）……適量
　茶（61）……適量
　ピンク（36）……少量
キャッツアイ……直径8cm×2個
針金……28cm×1本（直径1mm）
　　　　32cm×2本（直径1mm）
水性チャコペン……マジックタイプ1本（紫）

実寸大の制作例
3cm

| Lesson 2 | 赤ちゃん猫を作る

頭部と足を作る

※折針に注意してください。

〔 頭部のベース 〕

1 手芸綿をニードルで刺し固め、直径約3cmのボール型を作る。

2 指で軽く押しつぶし、少し平たい形に整える。

3 これが頭部のベースになる。

〔 口まわり 〕

4 適量の手芸綿をシート状にし、三つ折りに刺し固めて約2cm×2cm×1cmの直方体を作る。

5 4を頭部の中心点（写真赤点）に合わせ、ニードルで刺してなじませる。これが口まわりになる。

6 口まわりの表面が平たくなるようにニードルで刺して整える。

7 平らにした面にチャコペンで十字の線を付ける。

8 十字が垂直に浮き立つように、側面からニードルを刺して口まわりの彫りを形作る。

9 十字形ができたところ。

10 ❾にチャコペンで「Y」の字（鼻）と「へ」の字（口）の線を付ける。

11 線に沿ってニードルを刺し、筋状の切り込みを入れる。ニードルを刺す深さは3mm程度にする。

12 鼻と口のベースができたところ。チャコペンの線は消しペンで消す。

（目）

13 鼻の上に少量の手芸綿をニードルで刺し、鼻筋を形作る。

14 鼻筋ができたところ。

15 チャコペンで目の線を付ける。

（耳）

16 線に沿ってニードルで刺し、目のくぼみを形作る。刺す深さは3mm程度にする。

17 目の形状ができたところ。

18 適量の手芸綿をニードルで刺し、薄いシート状にする。

19 ⓲を四辺から折り重ねてニードルで刺し固め、約2cm×1.5cm×4mmの直方体を作る。

20 ⓳をハサミで対角線に切り、2個の三角形にする。これが耳になる。

21 耳を頭部に付ける位置を決める。赤ちゃん猫の耳はかなり下にあるので、作例や写真を参考に仮止めする。

㉒ 2つの耳をニードルで頭部に刺しつけたところ。

㉓ 少量の手芸綿を耳の周囲にニードルで刺し、継ぎ目をなじませる。

㉔ 頭頂部を指で軽く押し、額の部分が少し出っ張った形状に整える。

足のベース

㉕ 全体を見渡し、スパチュラや指で形を整えて頭部のベースが完成。

㉖ 長さ28cm、直径1mmの針金を半分に折り曲げる。

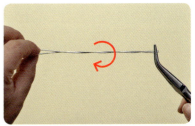

㉗ 針金の先端をペンチで固定して、指で5回程度ねじる。細い1mmの針金を折り曲げて使うことで、しなやかなしっぽに仕上がる。

㉘ 適量の手芸綿をニードルで刺し、約16cm×6.5cm×8mmの薄いシート状にする。

㉙ 針金を㉘でくるむ。

㉚ 針金の位置を確認しながら、針金が完全に包まれるようにニードルで刺し固める。

㉛ はみ出た手芸綿は指でむしり取る。

㉜ さらにニードルで刺し、長さ約15cm、直径約1cmの棒状に形作る。これが前足のベースになる。

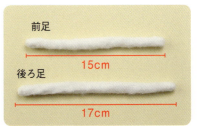

㉝ 同様に、長さ32cm、直径1mmの針金を半分に折り曲げ（6回程度ねじる）、手芸綿で包んで長さ約17cm、直径約1cmの棒状に形作る。これが後ろ足のベースになる。

Lesson 2　赤ちゃん猫を作る
胴体と足を作る

(胴体と足の芯)

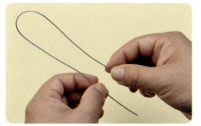

① 長さ32cm、直径1mmの針金を半分に折り曲げる。

② 針金を前足の中心部分に引っ掛ける。

③ 前足をくの字に軽く曲げる。

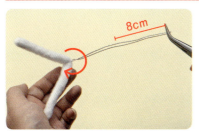

④ 針金の先端をペンチで固定し、前足を回して針金の先端約8cmの位置までねじる。

⑤ ねじった針金に後ろ足の中心部分を合わせる。

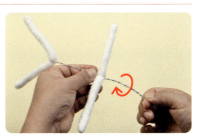

⑥ しっかりと後ろ足が固定されるように針金をねじる。

⑦ 前足と後ろ足のベースを針金で固定したところ。

⑧ 前足の先端から約4cmのところで曲げ、ひじを形作る。

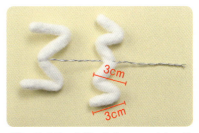

⑨ 後ろ足の先端から約3cm、さらに約3cmのところで曲げ、かかと、ひざを形作る。

（肉付け）

⑩ 猫の骨格をイメージしながら、前足と後ろ足の角度を調整して立たせてみる。

⑪ さらに、背骨の曲線をイメージして針金の形状を整える。

⑫ 適量の手芸綿を胴体部分の針金に巻きつける。

⑬ 手芸綿をニードルで刺し、胴体を形作る。

⑭ 太ももの位置に手芸綿をニードルで刺し、太ももの肉付きを形作る。

⑮ 肩の位置に手芸綿をニードルで刺し、肩の肉付きを形作る。

（頭部の接合）

⑯ 猫の骨格や肉付きをイメージして、適宜手芸綿を足して胴体を調整する。

⑰ 頭部を胴体に合わせ、ニードルで軽く刺して仮止めする。

⑱ 頭部の位置、角度が決まったら、胴体側からニードルを刺して接合する。

（しっぽ）

⑲ 首まわりに手芸綿を足し、ニードルで刺して継ぎ目をなじませる。

⑳ 肩の上に手芸綿を足し、肩甲骨の隆起を形作る。

㉑ 胴体からはみ出した針金に手芸綿を巻きつけ、ニードルで刺して筒状のしっぽを形作る。

〈 調整 〉

㉒ しっぽのつけ根に手芸綿をニードルで刺し、臀部からしっぽにかけてのラインをなじませる。

㉓ 適宜手芸綿やスパチュラで調整し、赤ちゃん猫のベースが完成。

Lesson 2　赤ちゃん猫を作る
羊毛の植毛

〈 混毛 〉

① 白、オレンジ、茶の羊毛をハサミで長さ約6cmに切る。

② 白7、オレンジ2、茶1の割合で混毛する（P24参照）。

③ 茶トラ猫のベースとなる混毛ができたところ。

〈 足 〉

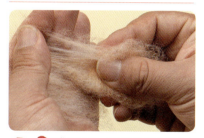

④ ③を指ですき、繊維の方向を揃えたスライバーに整える。これを猫のベース全体に植毛できる量を用意する。

⑤ 後ろ足のつま先側から植毛していく。作業がしやすいように後ろ足を固定し、つま先を覆うように混毛を広げて合わせ、全体を刺しつける。

繊維の方向

⑥ このとき、混毛を足に巻きつけるのではなく、足の側面を4面に分けて見立て、各面が均一の厚さになるように1面ずつ刺しつける。

7 次に太ももから臀部にかけて混毛を広げて合わせ、全体を刺しつける。

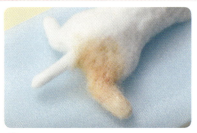

8 後ろ足に植毛したところ。つま先からはみ出した混毛は、足裏にひとまとめにくるんでニードルで刺す。

9 もう一方の後ろ足、前足にも混毛を刺しつけたところ。

(しっぽ)　　(胴体)

10 背骨からしっぽへのラインを意識して、足の植毛と同様に混毛が均一の厚さになるように全体を刺しつける。

11 胴体の左側面に植毛していく。まず、臀部に混毛を広げて合わせる。このとき、ベースの手芸綿が透けないよう、先に植毛した混毛と少し重ねる。

12 混毛の右端のラインだけをニードルで刺し、端止めする。

13 端止めしたラインで混毛を折り返し、折り返した左端のラインだけを端止め返しで刺しつける（P25参照）。

14 胴体の左側面に1段目の混毛を端止め返しで植毛したところ。

15 14と少し重なる位置に、2段目の混毛を合わせる。

16 混毛の中心部分、幅約5mmを面で中止めする。

17 中止めしたラインで混毛を折り返し、折り返した左端のラインだけを中止め返しで刺しつける。

18 同様に、頭部側に向かって混毛を少しずつ重ねながら、中止め返しで植毛する。

19 胴体の左側面全体に混毛を植毛したところ。

20 首筋から胴体にかけて混毛を合わせ、首筋側だけを端止めする。

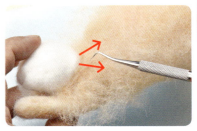
21 スパチュラで首筋から胴体、首筋から前足へと毛並みが流れるように整える。

（ 調整 ）

22 同様に、胴体の右側面にも混毛を植毛する。

23 毛の流れに沿ってハサミを入れ、髪の毛をすく要領で好みの長さにカットする（作例は約7mm）。

24 全体のバランスを見ながら、混毛のボリュームを整えた状態。

（ おなか ）

25 猫のベースを裏返し、おなかの部分に植毛していく。まず、後ろ足側から混毛を合わせ、全体を刺しつける。

26 同様に、頭部側に向かって混毛を合わせて植毛する。毛並みは、頭部からしっぽに向けて流れるように整える。

27 猫のおっぱいは、好みで少量のピンクの羊毛を刺しつけて形作る。

（ 指 ）

28 前足の先端部分をスパチュラなどで広げ、指先を形作る。

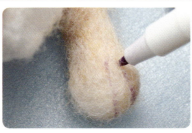
29 チャコペンで指となる下書きの線を3本付ける。

30 線に沿ってニードルで刺しつけ、筋状の切り込みを入れる。

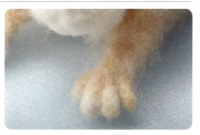
㉛ 切り込み部分にハサミを入れ、長さ約8mmの指を形作る。

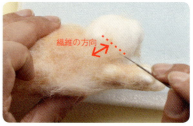
㉜ さらにニードルで刺しつけ、指1本1本の形状を整える。

（頭部）

㉝ 顔の側面に混毛を3段で植毛する。まず、長さ約1.5cmの混毛を右頬から首筋に向けて合わせ、右端だけを端止めで刺しつける。

㉞ 同様に、口まわりから右頬に向けて混毛を合わせ、右端だけを端止めで刺しつける。

㉟ 顔の反対側も混毛を端止め3段で植毛したところ。

㊱ 同様の端止め3段で、頭頂部も混毛を植毛する。

㊲ 頭頂部に混毛を植毛したところ。

㊳ 隙間ができた目と耳の間には、少量の混毛を合わせ、ニードルで全体を刺しつける。

㊴ 混毛で直径約4cmの羊毛綿を作り（P23参照）、ニードルで刺しつけて直径約3cmの薄いシート状にする。

㊵ ㊴を顔の前面に合わせ、ニードルで全体を軽く刺しつける。

㊶ 口まわりの形状に合わせてニードルを刺し、鼻、口、あごを形作る。

㊷ 目の形状に合わせてニードルを刺し、深さ約3mmのくぼみを形作る。

（耳）

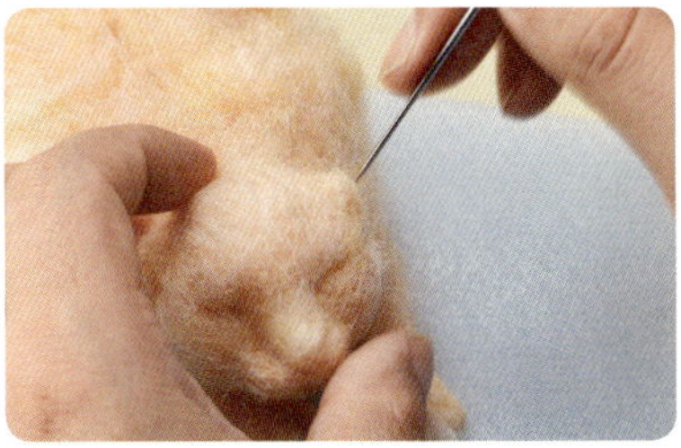

43 耳の形状に合わせてニードルを刺しつける。

（調整）

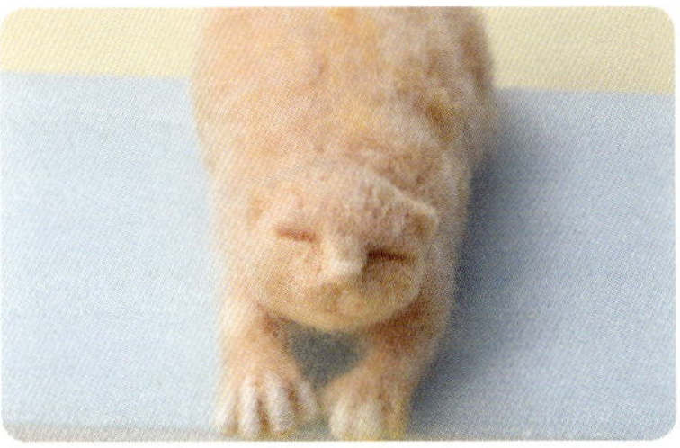

44 全体のバランスを見ながら、ニードルやスパチュラで顔の形状を整えたところ。

Lesson 2 赤ちゃん猫を作る

縞模様の柄入れ

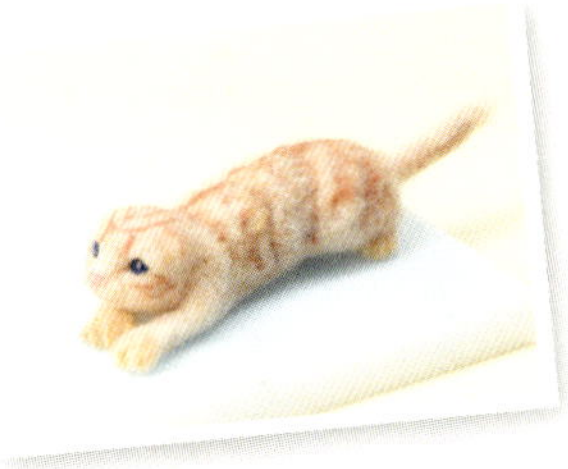

（顔）

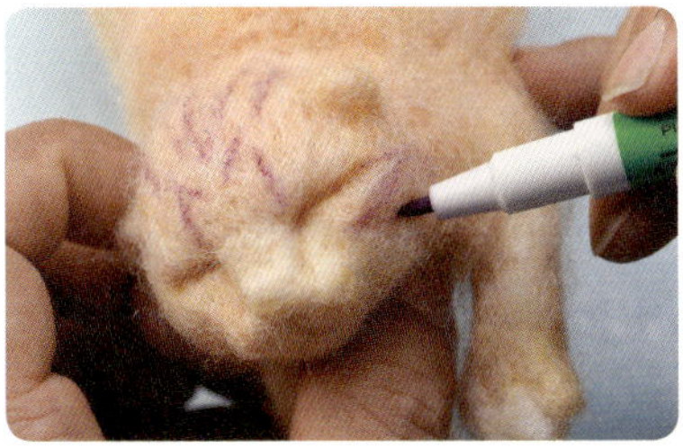

1 作例や実際の猫を参考に、チャコペンで縞模様の下書きの線を付ける。

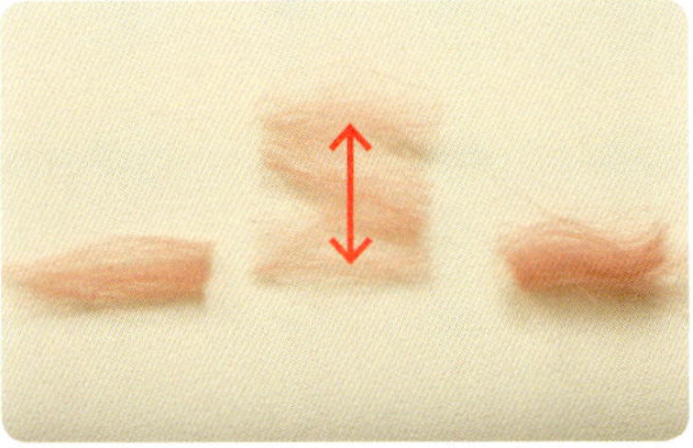

2 長さ約3cmの茶の羊毛を適量用意して、薄く広げる（写真中央）。

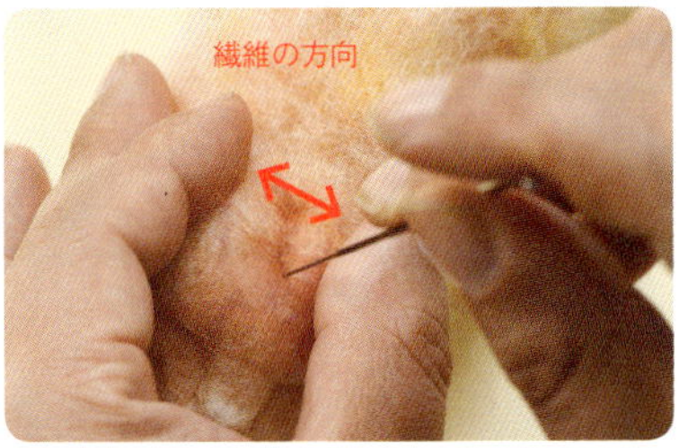

3 縞模様の線に繊維の方向が垂直になるように羊毛を合わせ、ニードルで押し込むように中止めで刺しつける。

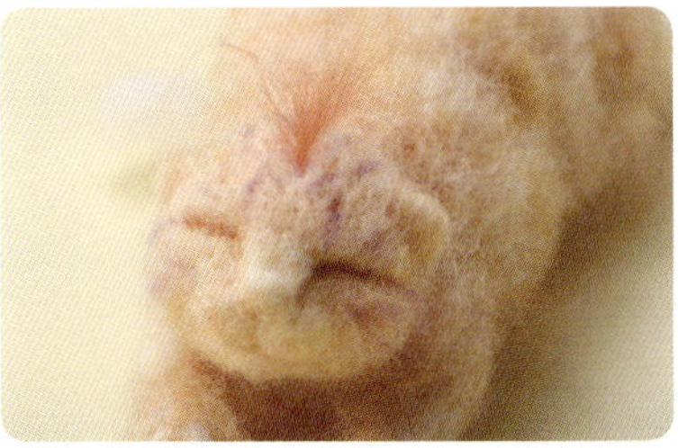

4 縞模様の線に沿って、茶の羊毛を中止めで植毛したところ。

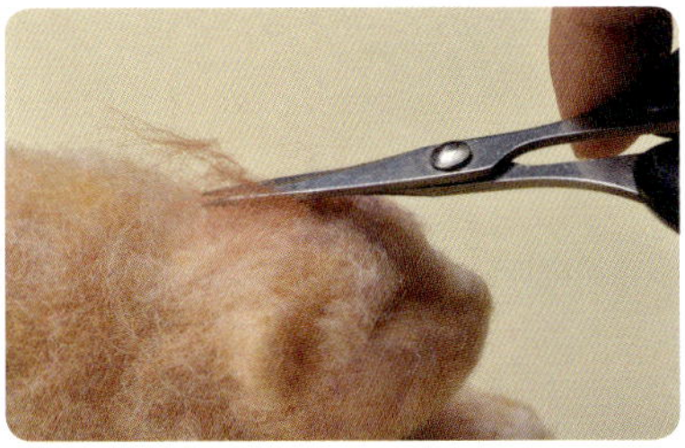

5 余分な羊毛はハサミで切る。

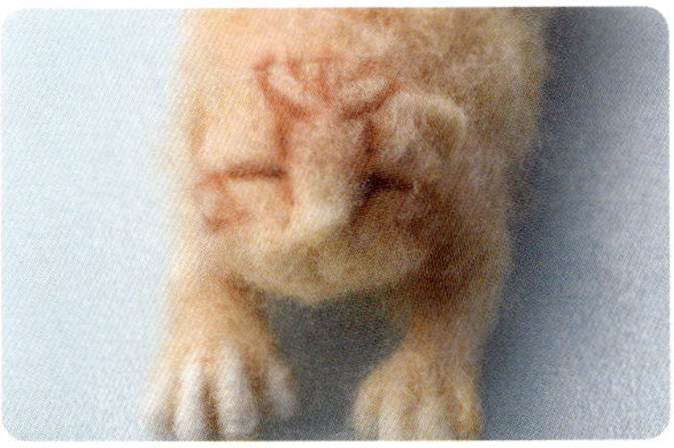

6 同様に、縞模様の線すべてに茶の羊毛を中止めで刺しつける。

(目)

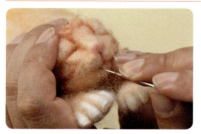

7 鼻先や鼻筋、口には少量のピンクの羊毛を中止めで植毛する。

8 余分な羊毛はハサミで切り、顔の柄入れを終えたところ。

9 直径8mmのキャッツアイを2個用意する（P82参照）。

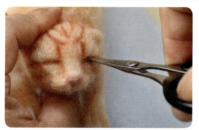

10 目のくぼみにハサミを刺し入れ、キャッツアイを取り付ける深さの切り込みを入れる。

11 ハサミを押し広げるようにして目のくぼみを開ける。

12 目のくぼみに少量の手芸綿をニードルで刺しつけ、くぼみの底面が平らになるように整える。

13 ⑩〜⑫の作業を両目に行ったところ。

14 長さ約3cmの両面テープを指で丸め、キャッツアイの裏面に貼りつける。

15 キャッツアイをペンチなどではさみ、目のくぼみに押し入れる。

(胴体)

16 スパチュラで目の周囲を軽く引っ張り上げるようにして、上まぶたと下まぶたを形作る。

17 目が開いたばかりの赤ちゃん猫をよく観察して、リアルなまぶたの形状を形作る。

18 背骨のラインにチャコペンで縞模様の下書きの線を付ける。

⑲ 長さ約3cmに切った茶の羊毛を適量用意する。

⑳ ⑲を背骨のラインに沿って広げ、横に2ヶ並べる。繊維の方向は背骨と垂直に合わせる。

㉑ 線に沿って、羊毛をニードルで押し込むように中止めで刺しつける。

㉒ 余分な羊毛はハサミで切る。

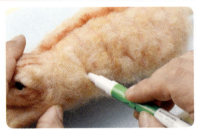
㉓ 胴体の側面にチャコペンで縞模様の下書きの線を付ける。

㉔ 線に沿って羊毛をスパチュラで左右に分け開き、縞模様を植毛する溝を作る。

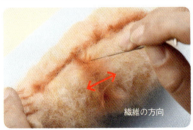
㉕ 繊維の方向が線と垂直になるように羊毛を合わせ、ニードルで押し込むように中止めで刺しつける。

㉖ 同様に、胴体の側面に羊毛を中止めで刺しつけていく。はみ出た羊毛は適宜ハサミで切って整える。

㉗ 胴体の左側面にすべての縞模様を植毛したところ。

㉘ スパチュラで縞模様をぼかすように整える。ベースの毛を縞模様にかぶせるように引っかいていくと自然な毛並みに仕上がる。

㉙ 全体のバランスを見ながら、適宜ニードルでボディラインを整える。

㉚ スパチュラで毛を立たせて自然な毛並みに整える。ニードルの針跡が残ったときもスパチュラで調整する。

（肉球）

㉛ 胴体に縞模様を植毛し、全体を整えたところ。

㉜ 粘土で作った肉球をピンセットではさみ、足の指にそれぞれ接着剤で付ける（P80参照）。

㉝ 前足、後ろ足すべてに肉球が付いたところ。

（しっぽ）

㉞ 背骨からつながるラインに合わせ、チャコペンで下書きの線を付ける。

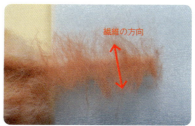

㉟ 長さ約3cmの茶の羊毛を線に沿って広げ、繊維の方向が垂直になるように合わせる。

㊱ 線に沿って、ニードルで押し込むように中止めで刺しつける。しっぽの中の針金に注意して作業を行う。

㊲ 余分な羊毛はハサミで切る。

㊳ しっぽの側面にチャコペンで下書きの線を付ける。

㊴ 同様に、少量の茶の羊毛を中止めで刺しつける。しっぽの先端の線のみ、中止め返しで刺しつける。

（仕上げ）

㊵ スパチュラでベースの毛を縞模様にかぶせるように引っかいてぼかす。

㊶ 余分な羊毛は適宜ハサミで切り、しっぽの縞模様が仕上がったところ。

㊷ 全体のバランスを見て、ニードルやスパチュラで毛並みや肉付きを整えて完成。

Lesson 3

子猫を作る

※猫人形作りに慣れないうちは、フェルティング用ニードルが針金に当たるなど、針が折れてしまうこともあります。注意して作業を行ってください。

※本書では、手芸綿は白井産業株式会社（マダム コットン）、羊毛はハマナカ株式会社のものを使用しています。

Lesson 3

子猫を作る

愛くるしい表情を見せる生後約2ヶ月の茶トラ猫。
針金を胴体と足、しっぽの芯にすることで
四肢がしっかりとした子猫のしぐさを表現できます。

> **SIZE** サイズ
> 全長：約18cm
> 　　　（しっぽを除く）
> 高さ：約14cm
> 　幅：約6cm
> 重さ：約51g

耳
赤ちゃん猫よりも
しっかりと立った耳。

肩甲骨
過剰に隆起させず、
子猫の自然な盛り上がりを
意識する。

四肢
生後1ヶ月を過ぎると四肢もしっかりする。
後ろ足の肉付きも表現する。

[制作の流れ]

1 口まわり、目を作る

2 耳を頭部に付ける

3 針金で胴体と足の芯を作る

4 胴体のベースを作る

5 頭部を胴体に接合する

6 ベースの混毛を植毛する

7 縞模様の柄入れ

8 しっぽを付ける

[材料（1体分）]

手芸綿……約33g
フェルト羊毛
　白（1）……適量
　オレンジ（5）……適量
　茶（61）……適量
　ピンク（36）……少量
キャッツアイ……直径12mm×2個
針金……35cm×2本（直径2mm）
　　　　20cm×1本（直径1mm）
水性チャコペン……マジックタイプ1本（紫）
毛糸……適量

実寸大の制作例　4.5cm

Lesson 3 小猫を作る

頭部を作る

※折針に注意してください。

（頭部のベース）　　（口まわり）

① 手芸綿で直径約4.5cmのボール型を作り、指で軽く押しつぶして少し平たい形に整える。これが頭部のベースになる。

② 適量の手芸綿をニードルで軽く刺し、直径約1cm、長さ約6cmの円柱型にする。

③ ②を三つ折りに刺し固めて、約2cm×3cm×1cmの直方体を作る。

④ ③を頭部の中心点（写真赤点）に合わせ、ニードルで刺してなじませる。これが口まわりになる。

⑤ 口まわりの表面が平たくなるようにニードルで刺して整える。

⑥ 平らにした面にチャコペンで下書きの十字の線を付ける。写真を参考に、下あごになる下の線は少し短くする。

⑦ 十字が垂直に浮き立つように、ニードルを側面から刺しつけて、彫りの深い口まわりに形作る。

⑧ 十字型ができたところ。

⑨ ⑧にチャコペンで「Y」の字（鼻）と「ヘ」の字（口）の線を付ける。

⑩ 線に沿ってニードルを刺し、筋状の切り込みを入れる。刺す深さは3〜4mm程度、口になる「へ」の字の線は少し浅く刺す。

⑪ 鼻の上に少量の手芸綿をニードルで刺し、鼻筋を形作る。

⑫ 鼻、上あご、下あご、それぞれの角をニードルで刺し、なめらかに整える。

（目）

⑬ 口まわりの形状ができたところ。

⑭ チャコペンで目の形を下書きする。

⑮ ニードルで目のくぼみを形作る（深さ約7mm）。目の縁は斜めから、底面は垂直にニードルを刺し、直角のくぼみに仕上げる。

⑯ 目のくぼみができたところ。

⑰ 直径12mmのキャッツアイを2個用意する。裏側の芯はニッパーで切り、長さ約7cmの両面テープに貼る。

⑱ 両面テープを裏面で丸める。このとき、テープがはみ出さないようにする。

⑲ キャッツアイをペンチなどではさみ、目のくぼみに押し入れる。

⑳ さらに、指でキャッツアイを押し込む。

㉑ 両目にキャッツアイを付けたところ。

㉒ 目を覆うように手芸綿をニードルで刺しつけ、なじませる。このとき、キャッツアイを傷つけないように注意する。

㉓ 左目を手芸綿で覆ったところ。手芸綿の厚さは、目が透けない程度の薄さにする。

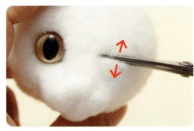

㉔ 目の下から直径1/3の高さを目安にハサミを入れ、手芸綿を上下に切り開く。

㉕ 切り開いた手芸綿を目の縁に押し込むようにニードルで刺しつけ、まぶたを形作る。

まぶたをリアルに仕上げるニードルの刺し方

手芸綿を目の縁に押し込む際は、ニードルを刺し入れた状態から完全には引き抜かず、細かく上下に動かすように刺します。ニードル側面の突起に手芸綿を絡ませ、目の縁に自然と折り込まれるように仕上げます。

（後頭部）

㉖ 同様に、右目を手芸綿で覆い、右目のまぶたを形作る。

㉗ 顔のベースができたところ。

㉘ 適量の手芸綿を頭部の後ろに合わせ、ニードルで刺し固めて後頭部を形作る。

（耳）

㉙ 継ぎ目をなじませ、後頭部ができたところ。

㉚ 薄いシート状にした手芸綿の四辺を小さく折り返し、ニードルで刺し固めて約2cm×1.5cm×4mmの直方体を作る。

㉛ ㉚をハサミで対角線に切り、2個の三角形にする。これが耳パーツになる。

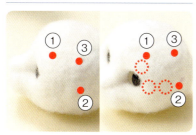

32 耳を頭部に付ける位置を下書きする。①は目の縦幅1個分上、②は目の横幅2個分後ろ、③は直角二等辺三角形の頂角となる位置が目安。

33 耳パーツを①②③の3点に沿わせて合わせ、ニードルで仮止めする。

34 位置、角度が決まったら、耳パーツをニードルで頭部に刺しつける。

35 はみ出た部分は刺しつけず、ハサミで切り取る。

36 耳の周囲に少量の手芸綿を足し、ニードルで刺して継ぎ目をなじませる。

37 同様に右耳を付け、全体をニードルやスパチュラで整えて頭部のベースが完成。

※ **32** で指示した位置は、継ぎ目をなじませる工程を経ると、さらに猫目ひとつ分それぞれ後方に下がることを想定したものです。

Lesson 3　小猫を作る

胴体と足を作る

（ 胴体と足の芯 ）

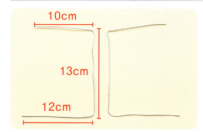

1 長さ35cm、直径2mmの針金を2本用意し、それぞれ前足10cm、胴体13cm、後ろ足12cmに折り曲げる。

2 写真を参考に、骨格の形状に合わせて針金を折り曲げる。足先はペンチで曲げる。

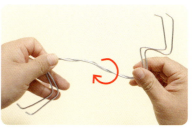

3 折り曲げた2本の針金を重ねて、胴体の部分を3〜4回程度ねじる。

（肉付け）

④ 2本の針金が自立するように調整する。

⑤ 適量の手芸綿を用意し、胴体部分を包むように軽く巻きつける。

⑥ 手芸綿の上から毛糸で巻き止める。あまりきつく巻かず、手芸綿が動かない程度にする。毛糸は切らず、そのまま後ろ足へと続ける。

⑦ 同様に、適量の手芸綿を後ろ足のつけ根から足先までを包むように巻きつけ、毛糸で巻き止める。

⑧ 足先の部分は、針金の先端がはみ出さないように手芸綿で補強して毛糸で巻き止める。

⑨ そのまま毛糸を足先から胴体に巻き戻していき、同様に前足にも手芸綿を毛糸で巻き止める。

⑩ 全体に手芸綿を毛糸で巻き止めたら、前足のつけ根部分で毛糸を切る。切った毛糸の端は、ニードルで手芸綿の中に刺し込む。

⑪ 針金全体に手芸綿を巻きつけたところ。

⑫ 子猫の骨格、肉付きをイメージしながら、胴体や足に手芸綿をニードルで刺しつける。

⑬ 胴体と足に手芸綿を刺しつけたところ。

（頭部の接合）

① 頭部を胴体に合わせ、ニードルで軽く刺して仮止めする。頭部の位置、角度が決まったら、胴体側からニードルを刺して接合する。

② 継ぎ目に手芸綿を足し、ニードルでなじませて首まわりを形作る。

(調整)

3 ひざ、もも、肩甲骨などの隆起をニードルやスパチュラで整えて、子猫のベースが完成。

Lesson 3　小猫を作る
羊毛の植毛

(混毛)

1 白、オレンジ、茶の羊毛をハサミで長さ約6cmに切る。それぞれ混毛しやすい量を用意する。

2 濃い茶①（白1、オレンジ1、茶1）と薄い茶②（白3、オレンジ1、茶1）、2種類の割合で混毛する（P24参照）。

混毛② 混毛①

3 濃い茶①と、薄い茶②、2種類の混毛ができたところ。作例を参考に、子猫のベース全体に植毛できる量をスライバーに整える。

(足)

繊維の方向

4 長さ約7cmの混毛①を後ろ足のつま先側から植毛していく。つま先を覆うように混毛を広げて合わせ、ニードルで全体を刺しつける。

5 このとき、混毛を足に巻きつけるのではなく、足の側面を4面に分けて見立て、各面が均一の厚さになるように1面ずつ刺しつける。

6 つま先からはみ出した混毛は、足裏にひとまとめにくるんでニードルで刺しつける。

7 後ろ足の足先に混毛①を植毛したところ。

8 太ももから臀部にかけて同様の混毛①を薄く広げて合わせ、ニードルで全体を刺しつける。

9 後ろ足に混毛を植毛したところ。

（おなか）

10 同様に、太ももの裏側に混毛①をニードルで全体を刺しつける。

11 もう一方の後ろ足、前足にも混毛①を刺しつける。

12 胴体のベースをあお向けに置く。長さ約7cmの混毛②を幅約5cmに広げ、下腹部に合わせる。

13 毛の流れを意識してニードルで全体を軽く刺しつけ、ふわっとした毛並みに仕上げる。後ろ足にかかる部分は、足に毛が流れるように刺しつける。

14 先に植毛した混毛と5mm程度ずらした位置に新たな混毛②を合わせ、頭部側だけを端止めで刺しつける。

15 同様に、胸から頭部に向かって順次、混毛②を5mmずつずらしながら端止めで刺しつける。前足にかかる混毛は全体をしっかり刺しつける。

（顔）

16 最後に、あごの下から首にかけて長さ約7cmの混毛②を薄く広げて合わせ、ニードルで全体を刺しつける。

17 混毛②で直径約8cmの羊毛綿を作り、顔全体を覆うように合わせる。

18 羊毛綿を顔全体にニードルで刺しつけたところ。

19 目の下から直径1/3の高さを目安にハサミを入れ、羊毛綿を上下に切り開く。

20 切り開いた羊毛綿を目の縁に押し込むようにニードルで刺しつけ、まぶたを形作る（P50コラム参照）。

（胴体）

21 混毛①を長さ約5cmのスライバーにし、幅約9cmに薄く広げる。これを胴体と頭部に植毛できる量を用意する。

22 胴体の左側面に植毛していく。まず、臀部に21の混毛①を合わせ、ニードルで全体を刺しつける。

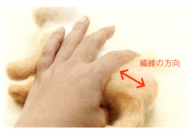

23 臀部に混毛を植毛したところ。

24 23と5mm程度ずらした位置に、同様の混毛①を合わせる。

25 混毛の中央部分、幅約5mmだけを面で中止めする。

26 中止めしたラインで混毛を折り返し、折り返した左端のラインだけを中止め返しで刺しつける。

27 同様に、臀部から頭部に向かって順次、混毛①を5mm程度ずらしながら中止め返しで刺しつける。

（頭部）

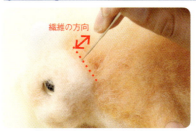

28 胴体の左側面に混毛①を植毛したところ。同様に、右側面にも混毛①を刺しつける。

29 混毛①を長さ約2.5cmに切り、耳の下に広げて合わせ、頬側だけを端止めで刺しつける。

30 同様の混毛①を頬に合わせ、ニードルで軽く全体を刺しつける。

㉛ 同様に、混毛①を口の横に合わせ、ニードルで軽く全体を刺しつける。

㉜ 左頬に3段で混毛①を刺しつけたところ。右頬も同様に行う。

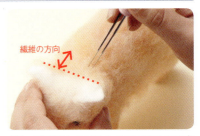
㉝ 後頭部から首にかけて同様の混毛①を薄く広げて合わせ、頭頂部側だけを端止めで刺しつける。

㉞ 同様の混毛①を頭頂部に合わせ、ニードルで軽く全体を刺しつける。

㉟ 同様の混毛①を目頭から額に合わせ、ニードルで軽く全体を刺しつける。

㊱ 頬まわりに3段、頭頂部まわりに3段、混毛を植毛したところ。

(耳)

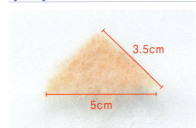
㊲ 混毛①で作った羊毛綿をシート状にし、底辺約5cm、等辺約3.5cmの二等辺三角形にする。等辺は小さく折って、刺し固める。2個作る。

㊳ ㊲を耳のベースから少しはみ出るように合わせ、ニードルで耳全体に刺しつける。

㊴ 両耳に㊲を刺しつけたところ。

(調整)

㊵ 少量の混毛①を耳と目の間に刺しつけ、眉間や額を形作る。

㊶ 眉間と額を形作ったところ。鼻や口元に適宜、少量のピンクの羊毛を刺しつけて顔の植毛が完成。

㊷ 全体のバランスを見ながら、胴体の毛をハサミですき、毛のボリュームを長さ6〜10mm程度に整える。すいた毛は指で丁寧に取り除く。

Lesson 3　小猫を作る

縞模様の柄入れ

㊸ 長さ約3cmに切った羊毛（茶）を用意する。背骨のラインに沿って、厚みが約2mmになるように広げて合わせる。

㊹ 羊毛の両端を指で押さえ、中止めで刺しつける。はみ出た毛はハサミで切る。

㊺ 作例や実際の猫の写真を参考に、チャコペンで縞模様の下書きの線を顔や胴体、足に付ける。

㊻ 全体に縞模様の下書きの線を付けたところ。

㊼ 下書きの線に沿ってベースの毛をスパチュラで左右に分け開き、縞模様を植毛する溝を作る。

㊽ 繊維の方向が溝と垂直になるように長さ約3cmの羊毛（茶）を合わせ、中止めで刺しつける。

㊾ 胴体の縞模様を中止めで植毛したところ。はみ出た毛はハサミで切る。

㊿ スパチュラでベースの毛を縞模様にかぶせるように引っかき、模様をなじませる。さらに、全体の毛を起こして自然な毛並に仕上げる。

51 顔や足にも縞模様を中止めで植毛したところ。

Lesson 3　小猫を作る
仕上げ

（指、肉球）

① 前足にチャコペンで指先の下書きの線を3本付ける。

② 線に沿ってニードルを刺し、深さ約3mmの筋状の切り込みを入れる。

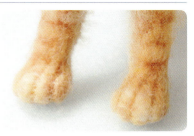
③ 指の形状ができたところ。このとき、上からだけでなく、つま先側、足裏側からも刺し、立体的な指に仕上げる。

④ 接着剤を付けた肉球をピンセットではさみ、足の裏に付ける（P80参照）。

（しっぽのベース）

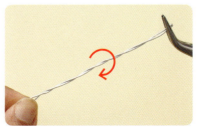
⑤ 長さ20cm、直径1mmの針金を半分に折り曲げ、ペンチではさんで6回程度ねじる。

⑥ 手芸綿をニードルで軽く刺し固め、約9cm×6cm×1cmのシート状にする。その上に針金を乗せる。

⑦ 針金を包むように手芸綿をニードルで刺し固め、しっぽのベースを作る。

⑧ しっぽのベースができたところ。

（しっぽの植毛）

⑨ 長さ約9cmの混毛②を合わせ、全体を刺しつける。しっぽの先端からはみでた部分はふさふさ感を残す。

繊維の方向

10 混毛②を刺しつけたところ。この面をしっぽの裏面にする。

11 しっぽを表面に返す。長さ約5cmの混毛①をしっぽの先端から順に5mm程度ずらしながら、根元側だけを端止めで刺しつける。

12 しっぽの表面に混毛①を端止めで刺しつけたところ。しっぽの先端は混毛をはみ出させ、ふさふさ感を残す。

13 毛をハサミですき、ボリュームを長さ6〜10mm程度に整える。すいた毛は指で丁寧に取り除く。

14 胴体の毛のボリュームに合わせ、毛をすき終わったところ。

15 しっぽの表面にチャコペンで縞模様の下書きの線を付ける。

16 縞模様の下書きの線を5本付けたところ。

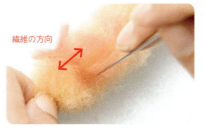

17 線に沿って長さ約2cmの羊毛（茶）を薄く広げ、中止めで刺しつける。はみ出た毛はハサミで切る。

18 しっぽの根元から4本の縞模様を中止めで植毛したところ。しっぽの先端だけは端止めで刺しつける。

19 ⑱に長さ約2cmの羊毛（茶）をセンターライン上に広げて合わせる。しっぽの先端だけは繊維の方向を逆向きにする。

20 センターラインに沿って⑲を中止めで刺しつけ、背骨から続くラインを作る。

21 先端は軽く全体を刺しつけ、筆先のようにまとめる。

22 はみ出た毛はハサミで切り、スパチュラで模様をぼかしながら自然な毛並みに整える。

23 胴体とのバランスを見ながら、毛のボリュームをハサミで調整する。

24 スパチュラで毛を起こして、子猫のふんわりとした毛並みに仕上げる

(しっぽの接合)

25 しっぽができたところ。

26 しっぽを差し込む位置を決め、臀部の毛をハサミで切る。

27 切った部分を指で左右に開いて、しっぽの差し込み穴を作る。

28 しっぽの根元側の毛を広げる。

29 指で差し込み穴を開きながら、しっぽの針金部分を差し込む。

30 胴体からしっぽに向けて毛が流れるように、しっぽの根元を臀部になじませる。

(調整)

31 全体のバランスを見ながら、ニードルやスパチュラで毛並みを調整する。

32 子猫の植毛を終えたところ。

Lesson 4
大人の猫
を作る

※猫人形作りに慣れないうちは、フェルティング用ニードルが針金に当たるなど、針が折れてしまうこともあります。注意して作業を行ってください。

※本書では、手芸綿は白井産業株式会社（マダム コットン）、羊毛はハマナカ株式会社のものを使用しています。

Lesson 4
大人の猫を作る

体長40cm程度に成長した生後10ヶ月頃のキジトラ猫。
成猫のしっかりとした骨格や筋肉の隆起はもちろん
植毛テクニックを駆使して、キジトラ模様をリアルに仕上げます。

SIZE サイズ

全長：約36cm
（しっぽを除く）
高さ：約32cm
幅：約10cm
重さ：約290g

顔
丁寧に何回も植毛を重ねて、
リアルな猫の顔に近づける。

キジトラ模様
中止め、端止め返しを駆使して
キジトラ模様を表現。

胴体
アンダーコート（白）と
オーバーコート（茶の混毛）の二層を植毛する。

太もも
発達した四肢の筋肉や胸囲の肉付き、
肩甲骨の隆起をイメージする。

[制作の流れ]

1 口まわり、目を作る

2 耳を頭部に付ける

3 針金で胴体と足の芯を作る

4 胴体のベースを作る

5 頭部を胴体に接合する

6 ベースの混毛を植毛する

7 縞模様の柄入れ

8 しっぽを付ける

[材料（1体分）]

手芸綿……約110g
フェルト羊毛
　白（1）……適量
　オレンジ（5）……適量
　茶（61）……適量
　黒（9）……適量
　ピンク（36）……少量
キャッツアイ……直径15mm×2個
針金……80cm×2本（直径2mm）
　　　　35cm×1本（直径2mm）
水性チャコペン……マジックタイプ1本（紫）
毛糸……適量

実寸大の制作例

8cm

| Lesson 4 | 大人の猫を作る |

ベースを作る

※頭部や胴体のベースを作る工程は、Lesson3「子猫を作る」も参考にしてください。
※折針に注意してください。

〔 頭部のベース 〕

1 手芸綿で直径約8cmのボール型を作り、指で軽く押しつぶして厚さ約5cmの少し平たい形に整える。これが頭部のベースになる。

〔 口まわり 〕

2 適量の手芸綿で約4.5cm×3cm×2.5cmの直方体を作る。刺しすぎず、ふわっとした感じを残す。

〔 耳 〕

3 適量の手芸綿を刺し固め、約6.5cm×6cm×8mmのシート状にする。

4 ❸をハサミで対角線に切り、2個の三角形にする。これが耳パーツになる。

〔 口まわり 〕

5 頭部の中心点に❷の長辺を合わせ、ニードルで刺してなじませる。さらに、口まわりの表面が平たくなるように整える。

6 子猫と同様に、平らにした面にチャコペンで十字の線を付け、十字が垂直に浮き立つようにニードルを側面から刺しつける。

7 子猫と同様に、チャコペンで「Y」の字（鼻）と「へ」の字（口）の線を付け、ニードルで筋状の切り込みを入れて口まわりを形作る。

8 鼻の上に少量の手芸綿をニードルで刺しつけ、鼻筋を形作る。

9 鼻筋ができたところ。

(目)

⑩ チャコペンで目の形を下書きする。

⑪ ニードルで目のくぼみを形作る（深さ約7mm）。目の縁は斜めから、底面は垂直にニードルを刺し、直角のくぼみに仕上げる。

⑫ 目のくぼみができたところ。

⑬ 直径15mmのキャッツアイの裏に両面テープを丸めて貼り、ペンチなどで目のくぼみに押し入れる。

⑭ 両目にキャッツアイを付けたところ。

(後頭部)

⑮ 適量の手芸綿を頭部の後ろに合わせ、ニードルで刺して後頭部を形作る。

(まぶた)

⑯ 目を覆うように手芸綿をニードルで刺しつける。子猫と同様に、手芸綿を上下に切り開き、目の縁に押し込むように刺しつけてまぶたを形作る。

⑰ 継ぎ目をなじませ、後頭部とまぶたができたところ。

(耳)

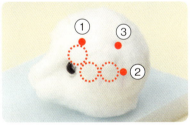
⑱ 耳を頭部に付ける位置を下書きする。位置の目安は、①は目の縦幅1個分上、②は目の横幅2個分後ろ、③は直角二等辺三角形の頂角となる位置。

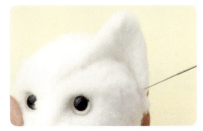
⑲ 耳パーツを①②③の3点に沿わせて合わせ、ニードルで仮止めする。

⑳ 位置、角度が決まったら、耳パーツをニードルで頭部に刺しつける。

㉑ はみ出た部分はハサミで切り取り、耳の周囲に少量の手芸綿を足して継ぎ目をなじませる。

〔 胴体と足の芯 〕

㉒ 両耳を付け、全体をニードルやスパチュラで整えて頭部のベースが完成。

㉓ 長さ80cm、直径2mmの針金を2本用意し、それぞれ前足22cm、胴体32cm、後ろ足26cmに折り曲げる。

㉔ 写真を参考に、骨格の形状に合わせて針金を折り曲げる。足先はペンチで曲げる。

㉕ 折り曲げた2本の針金を重ね、胴体の部分を8〜10回程度ねじって自立するように調整する。

㉖ 子猫と同様に、適量の手芸綿を針金の胴体、後ろ足、前足の順に軽く刺しつけ、毛糸で巻き止める。

〔 肉付け 〕

㉗ 適宜手芸綿を刺しつけ、猫の肉付きを形作る。

㉘ 胴体、前足にも手芸綿をニードルで刺しつけ、おなか、胸、肩甲骨などの隆起を形作る。

㉙ 手芸綿での肉付けを終え、胴体のベースが完成。

〔 頭部の接合 〕

㉚ 頭部を胴体に合わせ、ニードルで軽く刺して仮止めする。頭部の位置、角度が決まったら、胴体側からニードルを刺して接合する。

〔 調整 〕

㉛ 継ぎ目に手芸綿を足し、ニードルでなじませて首まわりを形作る。

㉜ 胴体と頭部のバランスを見ながら、胸や肩甲骨などの肉付きをニードルやスパチュラで整える。

Lesson 4 大人の猫を作る
羊毛の植毛

〈混毛〉

1 オレンジと茶の羊毛をハサミで長さ約6cmに切る。それぞれ混毛しやすい量を用意する。

2 オレンジ1、茶2の割合で混毛①を作る（P24参照）。

3 できた混毛①を指で8～10回程度すいて、繊維の方向が揃ったスライバーに整える。

4 混毛①を長さ約6cmのスライバーに整えた状態。猫のベース全体に植毛できる量を用意する。

5 白4、茶1の割合で混毛②を作る。

6 混毛②を長さ約6cmのスライバーに整えた状態。作例を参考に、胸部に植毛できる量を用意する。

〈足〉

7 長さ約6cmの混毛①を後ろ足のつま先側から植毛していく。まず、つま先を覆うように広げて合わせ、ニードルで全体を刺しつける。

8 同様に、混毛①を太ももから臀部にかけて広げて合わせ、ニードルで全体を刺しつける。

9 胴体のベースをひっくり返し、後ろ足の内側に混毛①を刺しつける。

⑩ ❼と❽ではみ出した混毛は足の内側に折りこみ、❾をくるむようにして全体を刺しつける。

⑪ 後ろ足に混毛①を植毛したところ。

⑫ つま先からはみ出した混毛は、足裏にひとまとめにくるんでニードルで刺しつける。

⑬ 4本の足に混毛①を植毛したところ。

⑭ 胴体の左側面に植毛していく。まず、臀部に混毛①を広げて合わせ、ニードルで全体を刺しつける。

⑮ 臀部に混毛①を刺しつけたところ。このとき、臀部から後ろ足への毛の流れを意識する。

〈 臀部 〉

〈 胴体 〉

⑯ 混毛①の上に長さ約3cmの羊毛（白）を重ね、2層にする。この白の羊毛がアンダーコートになる。

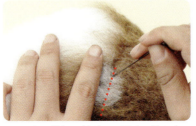

⑰ 先に臀部に植毛した混毛の端と少しかぶさるように、トップコートとアンダーコートを揃えた2層の羊毛を端止め返しで植毛していく。

⑱ 刺しつけた右端から幅約1cmを面で軽く刺しつける。

⑲ 面で端止めしたラインで混毛を折り返し、折り返した左端のラインだけを2層端止め返しで刺しつける。

⑳ 同様に、臀部から背中にかけて⑯を広げて合わせ、2層端止め返しで刺しつける（P27参照）。

㉑ 臀部に2層端止め返しで植毛したところ。

㉒ ㉑と少し重なるように⑯を広げて合わせる。

㉓ 同様に、下地が透けないように㉑と重なる右端から幅約1cmだけを面で軽く刺しつける。

㉔ 面で端止めしたラインで折り返し、折り返した左端のラインだけを2層端止め返しで刺しつける。

㉕ 同様に頭部に向かって順次、少しずつ重ねながら2層端止め返しで植毛する。胴体の右側面も同様に行う。

アンダーコートの羊毛は毛先が少し見える程度に

アンダーコートになる白の羊毛は、1cm程度の毛先でOKです。最終的にオーバーコートの毛の長さを調整することで、自然とアンダーコートが透けて見えるリアルな毛並みに仕上がります。

㉖ 混毛②をあごから首にかけて広げて合わせ、首側だけを端止めする。

㉗ 端止めしたラインで折り返し、端止め返しで刺しつける。同様に、あごに向けて少しずつ重ねながら混毛②を端止め返しで刺しつける。

㉘ 胸から首、あごにかけて混毛②を刺しつけたところ。これで胴体のベースの植毛が終了。

〈頭部〉

㉙ 頬に3段で混毛①を植毛する。まず、長さ約3cmの混毛①を耳の下に広げて合わせ、端止めする。

㉚ 同様の混毛①を頬に広げて合わせ、ニードルで軽く全体を刺しつける。

㉛ 同様に、混毛①を目の横に合わせ、ニードルで軽く全体を刺しつける。

㉜ 左右の頬に３段で混毛①を植毛したところ。

㉝ 長さ約3cmの混毛①を後頭部の右側に広げて合わせ、端止めで刺しつける。

㉞ ㉝と少し重なるように同様の混毛①を合わせ、端止めする。後頭部の左側にも２段、端止めで刺しつける。

㉟ 頭頂部に長さ約3cmの混毛①を広げて合わせ、端止めする。全体も軽く刺しつけて毛並みを整える。

㊱ 額から頭頂部にかけても同様に、混毛①を端止めする。全体も軽く刺しつけて毛並みを整える。

㊲ 少量の混毛①を耳の下に合わせ、端止めで刺しつける。全体も軽く刺しつけて毛並みを整える。

〈 口まわり 〉

㊳ 両頬、頭頂部、後頭部、耳まわりに植毛したところ。

㊴ チャコペンで口まわりに植毛する下書きの線を付ける。

㊵ 混毛②で羊毛綿を作り、線の下の位置に合わせ、全体を刺しつける。

〈 目 〉

㊶ 口まわりの形状に沿ってニードルを刺しつける。

㊷ 混毛①で羊毛綿を作り、右目を覆うようにニードルで刺しつける。左目も同様に行う。

㊸ 両目を覆ったところ。

44 目の下から直径1/3の高さを目安にハサミを入れ、上下に切り開く。

45 切り開いた羊毛綿を目の縁に押し込むようにニードルで刺しつけ、まぶたを形作る（P50参照）。

46 まぶたの植毛を終えたところ。

（ 耳 ）

47 混毛①で作った羊毛綿を薄いシート状にし、耳を覆う大きさの二等辺三角形にする。これを2個作る。

48 ㊼を左耳に合わせ、大きさや形を確認する。耳のベースよりひと回り大きくなるように、羊毛綿を適宜足して調整する。

49 ㊼を左耳にニードルで刺しつける。不安定な場合はマットの上で行う。右耳にも同様の作業を行う。

Lesson 4　大人の猫を作る

縞模様の柄入れ

（ 顔 ）

1 作例や写真などを参考に、チャコペンで縞模様の下書きの線を付ける。

2 少量の羊毛（黒）を線に合わせ、ハサミで切って長さを調整する。繊維の方向は線と垂直に合わせる。

3 羊毛（黒）を中止めで刺しつけたところ。はみ出た羊毛はハサミで切る。

④ 同様に、少量の羊毛（黒）を頭頂部に合わせ、中止めで刺しつける。はみ出た羊毛はハサミで切る。

⑤ 頭部全体に縞模様を中止めで刺しつけたところ。

（目）

⑥ 羊毛（黒）で羊毛綿を作り、左目を覆うようにニードルで刺しつける。

⑦ 目の下から直径1/3の高さを目安にハサミを入れ、上下に切り開く。

⑧ 切り開いた羊毛綿を目の縁に押し込むようにニードルで刺しつける。

⑨ 黒の羊毛で左目のアイラインを形作ったところ。右目も同様に行う。

（鼻）

⑩ 少量の羊毛（ピンク）で羊毛綿を作る。鼻先に合わせ、ニードルで全体を軽く刺しつける。

⑪ 鼻先にピンクの羊毛を植毛したところ。はみ出た羊毛はハサミで切る。

⑫ 少量の羊毛（黒）で羊毛綿を作り、鼻の周囲に中止めで刺しつける。鼻の穴もニードルで刺して溝を形作る。

（目のまわり）

⑬ 少量の羊毛（黒）で羊毛綿を作り、鼻の下、口元の形状に合わせて中止めで刺しつける。

⑭ 顔全体に縞模様の柄を刺しつけたところ。はみ出た羊毛はハサミで切る。

⑮ 縞模様は残したまま、目のまわりの植毛をハサミで切り取り、手芸綿の下地を出す（P73 ⑰の写真参照）。

16 切り取った羊毛はピンセットで丁寧に取り除く。

17 目のまわりの羊毛を切り取ったところ。

18 混毛②で作った羊毛綿をニードルで刺し固め、約5cm×5cmの薄いシート状にする。

19 18を幅7～8mmの短冊状にハサミで切る。

20 短冊状に切った状態。

21 羊毛を切り取った目のまわりに20を植毛する。まず、左目の目頭に合わせ、ニードルで全体を刺しつける。

22 同様に、目のまわりに20を合わせ、ニードルで全体を刺しつける。はみ出た羊毛綿はハサミで切る。

23 羊毛綿を刺しつけ終えたら、スパチュラで起毛して周囲の羊毛となじませる。同様に、右目も行う。

24 頭部への植毛を終えたところ。

〈 胴体 〉

25 背骨のラインに沿って羊毛を左右に分け広げ、手芸綿の下地が見えるようにする。

26 分け目に沿って長さ約4cmに切った羊毛（黒）を広げて合わせる。繊維の方向は背骨のラインと垂直に。（繊維の方向）

27 背骨のラインに沿って、羊毛（黒）を中止めで刺しつける。

㉘ 背骨のラインに羊毛（黒）を中止めで刺しつけたところ。はみ出た毛はハサミで切る。

㉙ スパチュラで周囲の毛となじませながら、毛並みが頭部側から臀部側に向かって流れるように整える。

㉚ 作例や写真などを参考に、胴体や足に縞模様の下書きの線を付ける。

㉛ 線に沿って羊毛をスパチュラなどで左右に分け広げ、手芸綿の下地が見えるようにする。

㉜ 分け目に長さ約3cmの羊毛（黒）を広げて合わせ、端止め返しで刺しつける。繊維の方向は線と垂直に。

㉝ 長さ約3cmの羊毛（黒）を端止め返しで刺しつけ、脇腹に縞模様1本を植毛したところ。

㉞ はみ出た羊毛はハサミですくように切り、周囲の毛並みとなじませる。

㉟ 縞模様を3本、端止め返しで刺しつけたところ。同様に、胴体全体、足に植毛する。

㊱ 胸部の羊毛を上下に分け広げ、手芸綿の下地が見えるようにする。

〈 調整 〉

㊲ 分け目に長さ約3cmに切った羊毛（黒）を広げて合わせ、端止め返しで刺しつける。

㊳ はみ出た羊毛はハサミですくように切り、周囲の毛並みとなじませる。

㊴ 胸部の毛のボリュームを調整したところ。

40 全体のバランスを見ながら、適宜ハサミですき、毛量、毛並みを整える。

41 毛量が多い場合は手で押さえて寝かせ、全体をニードルで軽く刺して毛が戻らないように整える。

42 胴体と足への植毛を終えたところ。

Lesson 4 大人の猫を作る
仕上げ

（指）

1 前足をマットに乗せる。つま先の中央部分にニードルを刺しつけて、足裏までの溝を入れる。

2 つま先の中央に溝を入れたところ。

3 溝の左右にそれぞれ同様の溝を入れ、計3本の溝を作る。

（肉球）

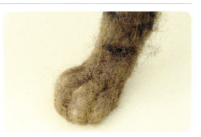

4 溝と溝の間をスパチュラで引っ掛けるように膨らませ、指を形作る。

5 前足の指を形作ったところ。他の足も同様に行う。

6 粘土で作った肉球に接着剤を付け、ピンセットで足の裏に接着する。4本の足すべてに行う。

しっぽのベース

⑦ 直径2mmの針金を臀部に合わせ、しっぽの長さ約25cmに加え、胴体に差し込む長さ約10cmを考慮した針金を用意する。写真は、35cmの針金。

⑧ 針金の先端はペンチで曲げる。

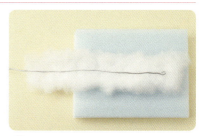
⑨ 手芸綿を約25cm×6cmのシート状に軽く刺し固める。その上に、先端が飛び出さないよう2cm程度余らして針金を乗せる。

⑩ 手芸綿で針金をくるむようにニードルで刺し固める。

⑪ しっぽのベースができたところ。

⑫ 先端側の手芸綿は指でまとめ、針金の先端が飛び出さないようにニードルで刺し固めておく。

しっぽの植毛

⑬ 長さ約5cmの混毛②をしっぽの先端から順に5mm程度ずらしながら合わせ、胴体側だけを端止めで刺しつける。この面をしっぽの裏面にする。

⑭ しっぽを表面に返す。

⑮ 長さ約5cmの混毛①をしっぽの先端から順に少しずつ重ねながら、しっぽの表面に広げて合わせる。

⑯ しっぽが円柱状に仕上がるようにニードルで全体を刺しつける。しっぽの先端はふさふさ感を残す。

⑰ しっぽへのベースの植毛を終えたところ（写真は表面）。スパチュラで毛並みを整える。

⑱ 背骨から続くラインに沿ったしっぽ表面の中央の羊毛を左右に分け広げ、手芸綿の下地が見えるようにする。

19 分け目に長さ3cmの羊毛（黒）を広げて合わせ、中止めで刺しつける。繊維の方向は中央ラインと直角に。

20 はみ出した毛はハサミで切る。

21 ⓲同様に、縦方向の縞模様を植毛する分け目を作る。

しっぽの接合

22 分け目に長さ3cmに切った羊毛（黒）を端止め返しで刺しつける。

23 縦方向の縞模様を3本植毛したところ。同様に、しっぽの先端まで両側に刺しつける。

24 しっぽを差し込む位置を決め、手芸綿の下地が見えるまで臀部の羊毛をハサミで切り開く。

25 目打ちでしっぽを差し込む穴を開ける。

26 しっぽの根元側の毛を広げる。

27 臀部に開けた穴に針金を差し込む。

28 しっぽの根元の羊毛を臀部の下地部分にしっかりと刺しつける。

29 切り開いた臀部の羊毛でしっぽをくるむようにニードルで刺しつける。

30 臀部からしっぽに流れる毛の流れを意識して、スパチュラで整えて完成。

猫の骨格のポイント

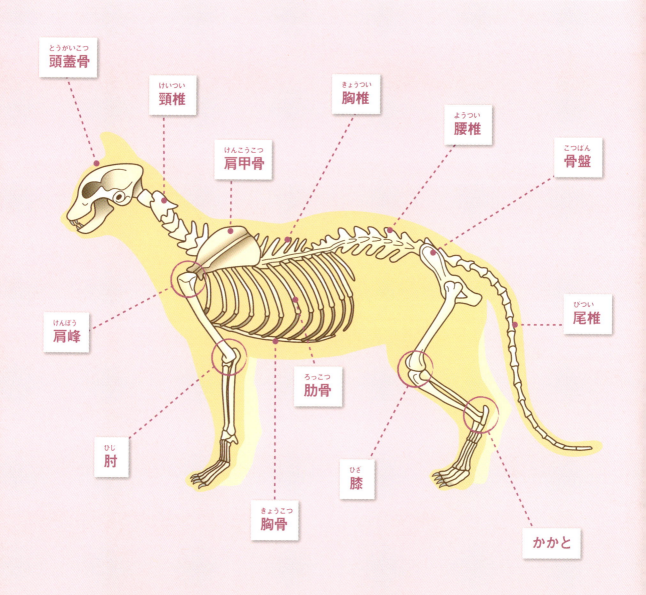

　猫の骨格は、同じネコ科に属するライオンとほぼ同じで、肉食動物として獲物を捕獲するために都合よく進化した骨組みと言えます。猫は人間と比べて、胸椎や腰椎の数が多く、その長さゆえに背中を柔軟に曲げることができます。

　また、歩く時にはかかとは着地せず、足の指で着地します。このとき、ライオンなどの大型ネコ科動物と同様、胸椎よりも肩甲骨が上がるのが特徴です。実際の猫にふれ、じっくり観察することで猫人形の完成度を高めましょう。

Lesson 5

スーパーリアル！
テクニック集

※猫人形作りに慣れないうちは、フェルティング用ニードルが針金に当たるなど、針が折れてしまうこともあります。
　注意して作業を行ってください。

※本書では、手芸綿は白井産業株式会社（マダム コットン）、羊毛はハマナカ株式会社のものを使用しています。

Lesson 5　スーパーリアル！テクニック集

肉球を作る

粘土を絵の具で着色することで、リアルな肉球を表現します。
実際の猫の肉球をよく観察して、理想の色や形に仕上げましょう。
※折針に注意してください。

猫によって肉球の色や形はさまざま。着色する色や量をアレンジして、好みの肉球を目指しましょう。

前足

後ろ足

① 粘土（写真は樹脂粘土）と絵の具（写真はアクリル樹脂絵具のチャペルローズ）を用意する。

② 適量の粘土を手に取り、少量の絵の具を付ける。

③ 絵の具を包み込むように、色が均一になるまでしっかりと練り混ぜる。

④ 色が均一になった状態。色が薄ければ、絵の具を足して調整する。

⑤ 直径約1mm、長さ約2mmの指球を1個作る。

⑥ 実際の猫人形の指先に合わせ、大きさのバランスを確認する。

⑦ 作例を参考に、前足の肉球を作る（9個×2）。

⑧ 作例を参考に、後ろ足の肉球を作る（7個×2）。

⑨ 前足のつま先をニードルで刺しつけ、指を形作る。

⑩ 指球を接着する場所をチャコペンで下書きし、その部分の羊毛をハサミでカットして溝を作る。

⑪ 溝に接着剤を付ける。

⑫ ピンセットで指球を溝に押し入れて、接着する。

⑬ 4つの指球を接着したところ。

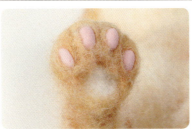
⑭ 掌球を接着する場所をチャコペンで下書きし、その部分の羊毛をハサミでカットして溝を作る。

⑮ 溝に接着剤を付け、ピンセットで掌球を接着する。

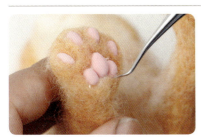
⑯ ピンセットで掌球を3個接着したところ。

⑰ 同様に、親指球と手根球を接着し、スパチュラで指先の毛並みを肉球となじませる。

⑱ 同様に、後ろ足に肉球をすべて接着する。

Lesson 5　スーパーリアル！テクニック集
キャッツアイを作る

UVレジンを使えば、簡単に半球体のキャッツアイが自作できます。作例や実際の猫を参考に、理想のキャッツアイに仕上げましょう。

ここでは、大人の猫用キャッツアイを例に紹介しています。

用意するもの

写真は、「UVレジン ソフトモールド半球」（パジコ）、「UVライト」（36V）、「UVレジン液（ハード）」。このほか、油性ペン各色、紙やすり、棒やすりも用意する。

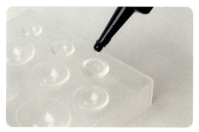

① 直径15mmの型にUVレジン液をすりきりまで入れる。

② UVライトで照射する（照射時間はお使いのUVライトの取扱説明書を参照）。

③ UVレジン液が固まったら、型から取り出す。

④ ❸の裏面を紙やすり（100番）で研磨する。半球体を掴みやすいように両面テープを山盛り付けて持ち手とする。

⑤ 円を描くようにこすり、裏面が平らになったら研磨終了。付いた粉はティッシュでよく拭き取る。

⑥ 研磨した裏面の中央に、黒色の油性ペンで線を描く。

⑦ 反対側（キャッツアイの表面）から見て、実際に見える線の太さを確認する。

⑧ 表面から見える大きさを随時確認しながら、理想の黒目に仕上げていく。

⑨ 表面から見た、黒目が仕上がった状態。

⑩ インクが乾いたら、黒目の周囲を描いていく。まず、緑色を塗る。

⑪ 表面から見える状態を随時確認しながら、理想の色、形に近づける。

⑫ 緑色の上から黄緑色を塗り重ねる。

⑬ 表面から見た状態。

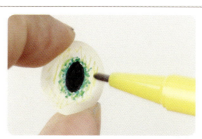

⑭ 裏面全体に黄色を塗り重ねる。

⑮ 黄色の油性ペンはレモン色のように薄く感じるので、黄色の上から裏面全体に茶色を薄く塗り重ねることで黄色っぽく仕上がる。

⑯ 表面から確認しながら、棒やすりで裏面をぼかすように軽くこする。なるべく黒目はこすらないようにする。

⑰ ティッシュなど白地の上に置いて確認する。色が落ちすぎていたら粉を拭き、適宜油性マジックで塗り足す。

⑱ 最後に黒色をもう一度塗り直し、理想の色、形に仕上がったら完成。

Lesson 5　スーパーリアル！テクニック集
猫の植毛いろいろ

茶トラ、キジトラを作例に植毛テクニックを紹介してきました。植毛に慣れたら、さまざまな毛色や模様にチャレンジしてみましょう。

● ベンガル
（リング状の斑点模様）

手芸綿で作ったボディのベースに、薄茶の羊毛を全身に植毛します。その後、黒とこげ茶の羊毛でベンガル特有の大きな斑模様を表現します。

① 植毛を終えたベースの羊毛に、チャコペンで模様の線を下書きする。

② 下書きした部分を左右に分け広げ、模様を植毛する溝を作る。

③ 毛並みの方向に合わせて、黒の羊毛を中止め返しで植毛する。余分な羊毛はハサミで切る。

④ こげ茶の羊毛を植毛する中央部分にハサミを入れ、ベースの羊毛を切り取る。

⑤ こげ茶の羊毛を中止め返しで植毛する。大きさに合わせて、数回繰り返す（作例は中止め返しを2回）。

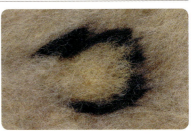

⑥ スパチュラで模様をぼかすように整え、自然な毛並みに仕上げる。

● エジプシャンマウ
（単色の斑点模様）

手芸綿で作ったボディのベースに、グレーの羊毛を全身に植毛します。その後、黒の羊毛で斑模様を表現します。

❶ 植毛を終えたベースの羊毛に、チャコペンで模様の下書きをする。

❷ 下書きした部分を左右に分け広げ、模様を植毛する溝を作る。

❸ 溝の部分に黒の羊毛を合わせ、中止めする。

❹ 毛並みの方向に羊毛を返して、中止め返しで刺しつける。

❺ 余分な羊毛はハサミで切る。

❻ スパチュラで模様をぼかすように整え、自然な毛並みに仕上げる。

おわりに

夢 —— 猫人形作りの先にあるもの

私には、夢があります。
それは世界中のあらゆる猫を、
リアル猫人形作品として再現したいという夢です。

膨大な作業です。
私ひとりでは到底その夢は実現できないでしょう。
そのため、私はリアル猫人形制作の技術を公開し、
日本羊毛アート学園【猫科】で教えながら、
実はその夢に近づくための同志を探しているのです。

見果てぬ夢を持つことは、現実との葛藤を抱えることでもあり、
時にとても苦しいものです。

そんなときにはあえて、ばかばかしいこと、
無駄なことを考えてみるようにしています。
高度なテクニックを使って、
くだらないものを作って仲間たちと楽しみたい、
という思いから"リアル猫ヘッド"という作品が生まれました。
ネットでの拡散をきっかけに、リアル猫ヘッドは
テレビや女性誌などで大きく取り上げられました。

よりシビアに効率や利益を求める世にあって、
無駄で不要なものだからこそ、
"リアル猫ヘッド"は人々から愛されたのだと思います。

"リアル猫ヘッド"をかぶって猫になるという
アートプロジェクトも大変好評で
大勢の方を「猫化」することができました。
猫好きの皆さんから子供のころからの猫になりたいという夢が
叶ったという歓喜の声を幾度となく耳にしました。
仲間や参加者の皆さんが心から楽しそうにしているのを見て、
"リアル猫ヘッド"を作って本当に良かったなと思いました。
そして、リアルな猫人形作りのことを、
たくさんの人に知ってもらえるきっかけにもなりました。

本書を手に取っていただき、
より本格的な猫人形作りに取り組む方が
増えたらよいなと願っています。
そして、猫人形作家としての一歩を踏み出した皆さんが活躍し、
やがて世界中に広まっていくことを願っています。
そのための発表する場作りも行っていきたいと思います。

挑戦し続ける仲間と競い、励まし合いながら、
私も一緒に高い山の頂を目指したいと思います。

末筆になりましたが、本書の制作にご協力いただいた仲間に
心からお礼申し上げます。

佐藤法雪

佐藤法雪
(さとう・ほうせつ)

1973年千葉県生まれ。猫人形作家。生命感あふれるリアルな猫人形が国内外で話題を呼び、"猫人形専門作家"として人気を博す。専任講師を務める『日本羊毛アート学園』やカルチャー教室で猫人形制作のテクニックを惜しみなく伝えている。

個展開催や公募展にも力を入れ、2012年、作品「立ち上がれ！にゃっぽん！」が「平成の招き猫100人展」で大賞を受賞するなど、受賞歴多数。また、生徒たちと制作した「リアル猫ヘッド」は多くのネットやテレビで取り上げられ、話題となっている。

猫人形の部屋！とりあえず寝る…
http://catdoll.jugem.jp/

日本羊毛アート学園【猫科】
http://youmou.org/

STAFF

編集	岸並 徹
写真	末松正義
デザイン	桜田もも
制作協力	浅見幸宏
人形制作協力	齊藤由美　小美濃真美 三島和子　大嶋美幸　山下貴子
材料提供	ハマナカ株式会社 http://www.hamanaka.co.jp 白井産業株式会社（マダム コットン） http://www.shirai-sangyo.com

羊毛フェルトで作る もっと！リアル猫人形

2016年1月21日　初版第1刷

著者	佐藤法雪
編集	上野建司
発行者	佐野 裕
発行所	トランスワールドジャパン株式会社 〒150-0001 東京都渋谷区神宮前6-34-15 モンターナビル Tel.03-5778-8599／Fax.03-5778-8743

印刷・製本　中央精版印刷株式会社

Printed in japan
ⓒHousetsu Sato／Transworld Japan Inc.2016
ISBN978-4-86256-171-8

◎定価はカバーに表示されています。
◎本書の全部または一部を著作権法上の範囲を超えて無断で複写、複製、転載、あるいはファイルに落とすことを禁じます。
◎乱丁・落丁本は、弊社出版営業部までお送りください。
　送料当社負担にてお取り替えいたします。